安徽省地方标准

公路施工现场安全作业指导书编写规程

DB 34/T 2916—2017

主编单位：安徽省交通控股集团有限公司
　　　　　安徽省交通建设工程质量监督局
　　　　　交通运输部公路科学研究院
批准部门：安徽省质量技术监督局
实施日期：2017 年 10 月 15 日

图书在版编目(CIP)数据

公路施工现场安全作业指导书编写规程 / 安徽省交通控股集团有限公司等编. — 北京：人民交通出版社股份有限公司, 2017.12
ISBN 978-7-114-14508-7

Ⅰ. ①公… Ⅱ. ①安… Ⅲ. ①道路工程—工程施工—安全技术—文件—编制—规程 Ⅳ. ①U415.12-65

中国版本图书馆 CIP 数据核字(2018)第 015244 号

安徽省地方标准

书　　名：	公路施工现场安全作业指导书编写规程
著 作 者：	安徽省交通控股集团有限公司　等
责任编辑：	岑　瑜
出版发行：	人民交通出版社股份有限公司
地　　址：	(100011)北京市朝阳区安定门外外馆斜街3号
网　　址：	http://www.ccpress.com.cn
销售电话：	(010)59757973
总 经 销：	人民交通出版社股份有限公司发行部
经　　销：	各地新华书店
印　　刷：	北京市密东印刷有限公司
开　　本：	880×1230　1/16
印　　张：	1
字　　数：	20千
版　　次：	2017年12月　第1版
印　　次：	2017年12月　第1次印刷
书　　号：	ISBN 978-7-114-14508-7
定　　价：	15.00元

(有印刷、装订质量问题的图书由本公司负责调换)

目　次

前言 II
1 范围 1
2 规范性引用文件 1
3 术语和定义 1
4 总体要求 2
5 编制步骤 2
6 内容要点 2
7 管理要求 4
附录 A 安全作业指导书封面样式 5
附录 B 安全作业指导书格式要求 6
附录 C 危险性较大的分部分项工程清单 7
附录 D LEC 评价法 8
附录 E 常用的风险源辨识方法 9
附录 F 安全检查表格式 10

I

前 言

为进一步提高安徽省公路工程施工安全管理水平,指导施工一线人员安全作业,实现公路工程安全管理向源头管理和预防为主的转变,安徽省交通控股集团有限公司、安徽省交通建设工程质量监督局、交通运输部公路科学研究院联合开展了公路水运工程建设安全管理技术研究,并结合公路工程施工管理的特点,制定本标准。

本标准主要内容包括:范围、规范性引用文件、术语和定义、总体要求、编制步骤、内容要点、管理要求及相关附录。

本标准的编写工作得到了安徽省高等级公路工程监理有限公司、中交第二航务工程局有限公司、中交路桥建设有限公司、湖南路桥建设集团有限责任公司、中交第三公路工程局有限公司、中交第一公路工程局有限公司、安徽省公路桥梁工程有限公司等单位的大力支持,在此表示衷心的感谢!在执行本标准的过程中,希望各单位结合工程实践,认真总结经验。对本标准的修改意见或建议,可与主编单位联系(地址:安徽省合肥市马鞍山南路856号,邮编:230051,电话:0551-64682576,Email:zjz@ahjt.gov.cn),以便修订时参考。

本标准按照GB/T 1.1—2009给出的规则起草。

本标准由安徽省交通运输厅提出并归口。

本标准主要起草单位:安徽省交通控股集团有限公司、安徽省交通建设工程质量监督局、交通运输部公路科学研究院。

本标准主要编写人员:房涛、何光、尤吉、车承志、倪良松、李伟、殷治宁、徐川、杨弘卿、严摇铃、王树威、胡兮、刘瑞元、陈磊、李世安、廖雅杰、刘伟、唐朱宁、明家跃。

公路施工现场安全作业指导书编写规程

1 范围

本标准规定了公路施工现场安全作业指导书编写的术语和定义、总体要求、编制步骤、内容要点、管理要求及相关附录。

本标准适用于安徽省高速公路、普通干线公路工程建设项目高风险工序，其他公路及水运工程建设项目可参照执行。

2 规范性引用文件

下列文件对于本文件的应用是必不可少的。凡是注日期的引用文件，仅注日期的版本适用于本文件。凡是不注日期的引用文件，其最新版本（包括所有的修改单）适用于本文件。

GB/T 6441 企业职工伤亡事故分类
GB/T 2894 安全标志及其使用导则
JTG F90 公路工程施工安全技术规范

3 术语和定义

3.1
安全作业指导书
指导工程施工作业人员进行安全作业行为，以及对相关作业内容安全要点进行明示的文件或文本。

3.2
主要阶段
为完成某项施工工序（工作），需根据一定原则而划分的时段，且必不可少的时段。一般可分为准备阶段、作业阶段和完工整理阶段。

3.3
高风险工序
在危险性较大的分部分项工程中，易发生事故或事故一旦发生即产生严重后果的工序。

3.4
关键控制措施
在主要阶段中，对安全生产起控制性作用的方法和措施。

3.5
关键作业人
在主要阶段中，实施关键控制措施的人。

3.6
项目部
施工单位具体负责工程建设项目施工的派驻机构。

3.7
监理办
监理单位具体负责工程建设项目监理的派驻机构,包括总监理工程师办公室和驻地监理工程师办公室。

4 总体要求

4.1 根据"预防为主、以人为本"的原则,在高风险工序作业前,编制安全作业指导书以规范作业流程和安全作业行为。
4.2 安全作业指导书编制依据主要包括:
4.2.1 有关法律、法规、规范和标准等;
4.2.2 工程施工图设计文件;
4.2.3 实施性施工组织设计;
4.2.4 施工安全风险评估报告;
4.2.5 专项施工方案。
4.3 安全作业指导书应具备准确性、针对性、可操作性和通俗性。
4.4 安全作业指导书封面上应包括:名称、文件编号,编写人员、审核人员、批准人员签字,签发日期等。封面样式可参见附录 A。
4.5 安全作业指导书内容应包括:编制依据、适用范围、施工作业程序分解、高风险工序辨识及分析、关键作业人及关键控制措施等。具体格式要求见附录 B。
4.6 对每个高风险工序应编制一份安全作业指导书。对于相同类型的高风险工序,应结合工程地质条件和工程外部环境对安全作业指导书进行修改,不得直接套用。

5 编制步骤

安全作业指导书编制步骤包括:项目部成立编写组、确定需编制安全作业指导书的类别、分部分项工程工序分解、高风险工序辨识、确定高风险工序关键作业人、提出关键控制措施、项目部内部审核、监理办审核、项目部发布实施。工作流程如图 1 所示。

6 内容要点

6.1 根据危险性较大的分部分项工程清单(附录 C)确定需编制安全作业指导书的类别。
6.2 工序分解是将复杂的施工过程,按照施工工序的顺序分解成一系列相关的、独立的工序,明确工序的内容、步骤、形式和方法。

工序分解宜采用专家调查法进行,由有经验的项目管理人员、工程技术人员、安全管理人员和一线操作人员共同完成,形成工序清单,如表 1 所示。

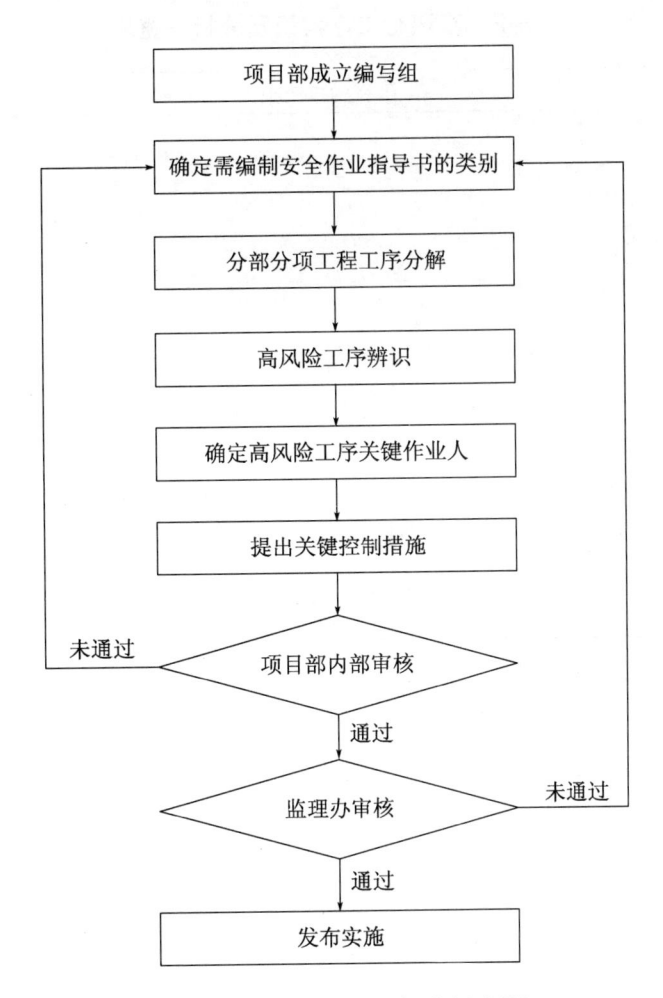

图 1 安全作业指导书编制步骤

表 1 工序清单

分部工程	分项工程	工序
	第1项	第1个
		⋮
		第m个
	⋮	⋮
	第n项	

6.3 参照 GB/T 6441 进行工序风险分析,辨识并确定高风险工序、潜在的事故类型及可能导致事故发生的关键风险因素,如表 2 所示。高风险工序可用 LEC 法进行辨识(附录 D),其他常用辨识方法见附录 E。

表 2 高风险工序辨识及分析一览表

高风险工序	潜在的事故类型	关键风险因素
高风险工序 1	事故 1	因素 1
		……
		因素 p
	……	……
	事故 r	
……	……	……
高风险工序 m	……	……

6.4 确定关键作业人和关键控制措施可采用 5W1H 方法，即：分析关键工序(What)、原因分析(Why)、作业场所(Where)、时间和流程(When)、关键作业人(Who)、关键控制措施(How)。

6.5 针对准备阶段、作业阶段、完工整理阶段的关键风险因素提出关键控制措施，如表 3 所示。

表 3 关键作业人与关键控制措施一览表

高风险工序	主要阶段	关键作业人	关键控制措施
名称	准备阶段	关键作业人 1	措施 1
			……
			措施 m
		……	……
		关键作业人 n	……
	作业阶段	……	……
	完工整理阶段	……	……

注 1：表格内容要符合现场实际情况。
注 2：不得违反安全法规和技术标准。
注 3：要具体、易懂、简明扼要，每条控制措施字数宜控制在 20 字以内。

6.6 施工单位根据安全作业指导书确定的关键控制措施，制作安全检查表，作为安全作业指导书的附录，便于施工中安全检查使用，具体格式见附录 F。

7 管理要求

7.1 在高风险工序施工前，施工单位应编制安全作业指导书。

7.2 项目部组织负责编制安全作业指导书，经监理单位审查批准后发布，必要时可组织专家评审。

7.3 在准备阶段，项目部应组织培训和进行安全交底，专职安全管理人员应熟悉安全作业指导书要求，关键作业人应掌握其高风险工序的操作要点。

7.4 在作业阶段，项目部安全负责人应检查关键作业人的岗位履责情况，确保关键作业人按照安全作业指导书的内容和要求作业。

7.5 在完工整理阶段，项目部安全负责人应组织相关人员对安全作业指导书执行情况进行评估，及时修订完善，包括：

  a) 对指导书的符合性、可操作性进行评价；
  b) 对可操作项、不可操作项、修改项、遗漏项、存在问题做好记录；
  c) 提出改进意见。

附 录 A
安全作业指导书封面样式

××××-××××（编号）

××××项目第××××合同段
××××工序安全作业指导书

编写：××××（签字）
审核：××××（签字）
批准：××××（签字）

××××（公司名称）××××（项目名称）项目经理部
签发日期：20××年××月××日

附 录 B
安全作业指导书格式要求

B.1 安全作业指导书应包括以下内容：
    a) 编制依据；
    b) 适用范围；
    c) 施工作业程序分解；
    d) 高风险工序辨识及分析；
    e) 关键作业人及关键控制措施。

B.2 安全作业指导书主要成果应以表格和卡片形式展现,如表 B.1～表 B.3 所示。

表 B.1 工 序 清 单

分部工程	分项工程	工 序
	第 1 项	第 1 个
		......
		第 m 个
	......	......
	第 n 项	

表 B.2 高风险工序辨识及分析结果

高风险工序	潜在的事故类型	关键风险因素
高风险工序 1	事故 1	因素 1
		......
		因素 p
	......	......
	事故 r	
......	......	......
高风险工序 m	......	......

表 B.3 关键作业人与关键控制措施一览表

高风险工序	主 要 阶 段	关键作业人	关键控制措施
名称	准备阶段	关键作业人 1	措施 1
			......
			措施 m
		......	
		关键作业人 n	
	作业阶段	......	......
	完工整理阶段	......	......

附 录 C
危险性较大的分部分项工程清单

危险性较大的分部分项工程清单见表C。

表C 危险性较大的分部分项工程清单

序号	需要编制安全作业指导书的工程类别
1	不良地质条件下有潜在危险性的土方、石方开挖
2	滑坡和高边坡处理
3	桩基础、挡土墙基础、深水基础及围堰工程
4	桥梁工程中的梁、拱、柱等构件施工
5	隧道工程中的不良地质隧道、高瓦斯隧道、水底隧道等
6	打桩船作业、施工船作业、边通航边施工作业等
7	水下工程中的水下焊接、混凝土浇筑、爆破工程等
8	爆破工程
9	大型临时工程中的大型支架、模板、便桥的架设与拆除；桥梁、码头的加固与拆除
10	起重吊装
11	上跨下穿或邻近既有线路施工、临时用电
12	项目部和监理办认为其他需要编制的高风险工序

附 录 D
LEC 评价法

LEC 评价法使用与系统风险有关的三种因素指标值的乘积来评价作业人员伤亡风险大小,这三种因素分别是:L(Likelihood,事故发生的可能性)、E(Exposure,人员暴露于危险环境中的频繁程度)和C(Consequence,一旦发生事故可能造成的后果)。给三种因素的不同等级分别确定不同的分值,再以三个分值的乘积 D(Danger,危险性)来评价作业条件危险性的大小。

风险分值 $D = LEC$。D 值越大,说明该系统危险性越大,需要增加安全措施,或改变发生事故的可能性,或减少人体暴露于危险环境中的频繁程度,或减轻事故损失,直至调整到允许范围内。

对这三方面分别进行客观的科学计算,得到准确的数据,是相当烦琐的过程。为了简化评价过程,采取半定量计值法,即根据以往的经验和估计,分别对这三方面划分不同的等级,并赋值。具体如表 D.1～表 D.3 所示。

表 D.1 事故发生的可能性(L)

分 数 值	事故发生的可能性
10	完全可以预料
6	相当可能
3	可能,但不经常
1	可能性小,完全意外
0.5	很不可能,可以设想
0.2	极不可能
0.1	实际不可能

表 D.2 暴露于危险环境的频繁程度(E)

分 数 值	暴露于危险环境的频繁程度
10	连续暴露
6	每天工作时间内暴露
3	每周一次或偶然暴露
2	每月一次暴露
1	每年几次暴露
0.5	非常罕见暴露

表 D.3 发生事故产生的后果(C)

分 数 值	发生事故产生的后果
100	10 人以上死亡
40	3～9 人死亡
15	1～2 人死亡
7	严重
3	重大,伤残
1	引人注意

当 $D \geq 70$ 时,应将此工序列为高风险工序。

附 录 E

常用的风险源辨识方法

E.1 专家调查法,又称专家评估法,是以专家作为索取信息的对象,依靠专家的知识和经验,由专家通过调查研究对问题作出判断、评估和预测的一种方法。实施时,应保证专家的数量不能少于 5 人,专家应有相应工程的现场经验。

E.2 故障树分析法对导致事故的各种因素及逻辑关系能作出全面、简洁和形象的描述,它是从要分析的特定事故开始(顶上事件),层层分析其发生原因,直到找出事故的基本原因,即故障树的底事件为止。

E.3 检查表法是运用安全系统工程的方法,发现环境、设备、机器、施工工艺、组织管理中的各种不安全因素,列成表格进行分析。

E.4 鱼刺图法是一种发现问题"根本原因"的方法,一般包括:分析问题原因、绘制鱼刺图。

E.5 依据危险因素分析评估标准模式进行分析评估,以作业程序为基础,听取作业工长的意见,按照以下步骤进行评估:对各个操作阶段出现的危险因素的严重性和频率,采取少数服从多数的方法来进行。表 E 是评估方法的依据标准,其核心是通过对严重性和频率的估计,求出评价值,得出评估结果。

表 E 根据作业程序分析评估危险因素的方法

严重性	死亡	5
	停工 1 个月以上	4
	停工 4 日以上未满 1 个月	3
	停工未满 4 日	2
	险些出现事故	1
频率	每年 3 起以上	5
	每年 2 起以上	4
	每年 1 起以上	3
	每 2 年 1 起	2
	偶尔	1
评价值	严重性×频率	
评估结果	●●●重(评价值:20~25) ●●重和中之间(评价值:15~19) ●中(评价值:10~14) ▲▲中和低之间(评价值:5~9) ▲低(评价值:1~4)	

附 录 F
安全检查表格式

安全检查表格式见表F。

表F 安全检查表格式

高风险工序	主要阶段	关键控制措施	检查情况
名称	准备阶段	措施1	
		……	
		措施 m	
		……	
		……	
	作业阶段	……	
	完工整理阶段	……	
		检查人：	检查日期：